STSSL
STANDARD TEST OF SPORT SKILL LEVEL

CSEA
CHINA SPORTS EDUCATION ALLIANCE

青少年排球运动技能等级标准与测试方法

全国青少年运动技能等级标准研制组　组编

科 学 出 版 社
北 京

内 容 简 介

本书介绍了青少年排球运动技能等级标准与测试方法，主要内容包括“测试场地、器材、设备及人员配备要求”“测试的总体要求”“各等级测试科目”“一～九级测试方法”。各级测试方法中规定了该级测试的科目、场地、方法及要求、达标标准，并对测试过程中的要点辅以图示及说明。

本书可供国家及各级教育主管部门、体育主管部门，各级体育协会，体育院校及中小学校，社会性体育培训组织相关人员参考、使用。

图书在版编目（CIP）数据

青少年排球运动技能等级标准与测试方法 / 陈佩杰，唐炎主编．—北京：科学出版社，2018.4
（青少年运动技能等级标准与测试方法）
ISBN 978-7-03-057030-7

Ⅰ．①青… Ⅱ．①陈… ②唐… Ⅲ．①排球运动－称号等级（体育）－标准②排球运动－称号等级（体育）－测试方法 Ⅳ．①G842

中国版本图书馆 CIP 数据核字(2018)第 055547 号

责任编辑：潘志坚　闵　捷
责任印制：谭宏宇 / 封面设计：殷　靓

科学出版社 出版
北京东黄城根北街 16 号
邮政编码：100717
http://www.sciencep.com
南京展望文化发展有限公司排版
苏州越洋印刷有限公司印刷
科学出版社发行　各地新华书店经销

*

2018 年 4 月第　一　版　开本：B5（720 × 1 000）
2018 年 4 月第一次印刷　印张：7
字数：105 000

定价：70.00 元

（如有印装质量问题，我社负责调换）

《青少年运动技能等级标准与测试方法》丛书
编辑委员会

《青少年运动技能等级标准与测试方法》丛书
专家指导委员会

《青少年排球运动技能等级标准与测试方法》编辑委员会

丛书序

2017年11月，国家体育总局、教育部、中央文明办、发展改革委、民政部、财政部和共青团中央7部门联合制定出台了《青少年体育活动促进计划》，明确提出“研究建立青少年运动技能等级评定标准”，并要求“各级教育部门应将运动技能等级纳入学生综合素质评价体系”。运动技能水平是衡量个体体育综合能力的关键指标，让青少年掌握1～2项运动技能是国家对青少年体育教育的基本要求。然而，如何客观有效地评判青少年运动技能的掌握水平，我们还缺乏一套行之有效的标准。毋庸讳言，当前运动技能等级标准的缺失已经成为制约青少年体育改革发展的主要因素。这对学校体育与健康课程改革的效果检验和深入推进、青少年体育素养水平评价的实施及社会性青少年体育培训的规范开展都造成了影响。因此，制定一套能展现运动项目特征、反映运动技能进阶规律、科学性强且便于测试的“青少年运动技能等级标准”（以下简称“标准”）已迫在眉睫。

2016年3月，上海体育学院组建了“标准”研制组开展相关工作。经过广泛的专题调研和充分的分析讨论后，研制组确立了四等十二级制的“标准”体系构架，并以“标准”指标能反映运动项目的实际运用能力、能反映个体运动技能水平的变化、能促进青少年运动参与的积极性、能与竞技体育运动等级标准有效衔接为基本思路，依托中国乒乓球学院强大的科研力量，以乒乓球运动技能等级标准的研制为突破口，以点带面地推进研制工作。2017年4月12日，研制组首先发布了《青少年乒乓球运动技能等级标准》（以下简称《乒乓球标准》）。《乒乓球标准》的发布得到了中国乒乓球协会与上海市教委相关领导、乒乓球界多位名宿与专家的高度肯定，国家体育总局官网、新华网、环球网等数十家媒体予以报道。在《乒乓球标准》成功发布的基础上，研制组进一步优化研制思路和路径。又历时1年，经过对9 000余名青少年进行测试和数十轮专家研讨，研制组先后完成了足球、篮球、排球、羽毛球、网球、高尔夫球、田径、体操、游泳、武术10个运动项目的“标准”研制工作。上海市学生体育协会对“标准”高度认可，并采纳其全部内容用于促进青少年学生体育活动的开展工作。同时，“标准”已作为行业主体在上海市质量技术监督局申请为“团体标准”。“标准”的正式出台对于推动青少年体育发展可以起到以下几方面的作用。第一，“标准”的体系构架能够实现普通青少年与精英运动员的运动技能水平评定的衔接，能够为体育管理部门掌握青少年运动技能等级分布情况、规划运动项目发展方向提供支撑。第二，“标准”的指标设计充分考虑到运动项目参与主体的获得感，青少年在每一阶段的进步均能通过等级的进阶得到证明，从而更好地激发和维持青少年积极参与运动的热情。第三，“标准”在对个体参与测试的资格上添加了运动经历的要素，要求被测者从进入“提高级”的测试开始，必须要具备相应的运动经历才能参与测试。这样的设置突出了“标准”作为评价工具的发展功能，能够避免青少年将技能等级提升与运动实践相割裂的弊端，从而更好地带动青少年积极运动。第四，“标准”指标体系的科学性及测试方法的便捷性能够为学校开展体育技能教学、评定学生体育技能水平提供技术支撑，能够为教育部门开展学生体育素养测评提供科学便捷的工具，更好地实践体育与健康课程的育人价值。第五，“标准”能够为各种青少年体育培训机构的培训质量提供明确的评价依据。当前，青少年体育培训机构虽然蓬勃发展，但也良莠不齐。评价培训质量的指标较多，而青少年运动技能水平的提升程度无疑才是评价培训质量优劣的重要参考。

从提出研制思路到最终成稿，上海市教委都给予了极大的支持与帮助。同时，上海体育学院国家社会科学基金重大项目《中国儿童青少年体育健身大数据平台建设研究》研究团队从项目设计开始，就将“标准”的研制作为主要的研究任务之一，并形成了专门的研究小组进行技术攻关。此外，各运动项目领域的诸多专家及协会、众多中小学学校及社会性体育培训机构也在本“标准”的研制过程中提供了大量帮助。在此，向所有为“标准”的研制工作贡献力量的人员表示衷心的感谢！

受制于学识的限制，“标准”肯定存在着诸多不完善的地方。因此，恳请广大专家学者以及应用“标准”的相关机构、组织及个人不吝赐教，多提宝贵意见，为“标准”的进一步完善提供真知灼见！

陈佩杰　唐　炎

2018年3月12日

编写说明

让青少年掌握1～2项运动技能是国家对青少年体育教育的基本要求。然而，如何评定青少年运动技能水平，尚没有客观且有效的评价标准及测试方法。上海体育学院组建了青少年运动技能等级标准研制组，共历时2年左右，首期研制了乒乓球、足球、篮球、排球、羽毛球、网球、田径、体操、游泳、武术、高尔夫球11个运动项目的技能等级标准与测试方法。

《青少年运动技能等级标准与测试方法》丛书的编写特点如下：

- 科学性强　基于万余名青少年的测试数据，经过数十轮专家论证而制定。各等级的测试科目基本涵盖了该项运动的主要技术，体现了运动项目的本质特征和运动技能的进阶规律。
- 客观性强　研制过程中尽可能采用智能化的测试手段，能够有效避免主观因素。此外，还对各运动项目的测试场地、器材、设备、测试者及被测试者提出了统一要求，从而保证了不同测试基地间测量的可信度。
- 操作性强　在保证科学性和客观性的基础上，力求各运动项目等级的测试方法更简单易行，耗时更少。
- 引领性强　不同运动项目的相同等级难度设置基本对等，具有一定的层次性。从“提高级”开始，要求具备相应的运动经历，能够激发和维持青少年的运动参与热情。
- 贯通性强　能与现行的《运动员技术等级标准》及高水平竞技运动有效衔接，从而实现普通青少年与运动精英在技能上的贯通。
- 直观性强　各等级测试过程中的要点均辅以图片进行说明，且每项测试科目都配有示范内容的视频，通过扫描二维码，即可直观、便捷地了解测试内容与方法。

目录

三级测试

四级测试

五级测试

六级测试

七级测试

八级测试

九级测试

青少年排球运动技能等级标准与测试方法

排球是一项深受青少年喜爱的集健身、娱乐、休闲和竞技为一体的隔网对抗类集体性球类项目，参与排球运动能够提高学生的身体素质和机能水平，能够培养学生团队合作意识和勇敢、顽强的意志品质。为了帮助青少年掌握1～2项运动技能，促进青少年健康成长，同时为了服务于排球运动的良好发展，特制定“青少年排球运动技能等级标准”（以下简称“标准”）。“标准”在整体上采用四等十二级制，测试内容涵盖了垫、传、扣、发等排球的基本技术。其中，一～三级为入门级，四～六级为提高级，七～九级为专业级，十～十二级为精英级。本“标准”仅针对一～九级，预留十～十二级与高水平运动员等级相衔接。

测试场地、
器材、设备及人员
配备要求

场地

测试场地应为FIVB标准排球场，长18米，宽9米，四周至少包括3米宽的无障碍区，天花板及最低障碍物不低于7米，球网高度按照各年龄段相关规定执行。测试场地必须平坦、水平、划一，地面不得有任何可能伤害测试者的隐患。网柱需设置保护性装置，一切危险设施和障碍物都必须清除。

器材

测试用球为硬质标准排球（品牌不限），根据青少年各年龄段用球标准选择测试用球；测试用辅助器材使用木制器材。

设备

医用急救包1套，全程录像设备1套，专用电脑2台，配备网络接口，并保证网络畅通。

人员

主考官：至少2名。

助考：2～4名。

其他考务人员：若干名。

测试的总体要求

测试规则

被测试者首次申请测试可从任一等级开始，但应对自己的水平有一定的预估。首次测试通过后方可申请高一等级的测试，不通过者须至少降一等级重新申请。

“标准”测试过程中，严格根据《FIVB排球竞赛规则（2017—2020）》执行，测试动作形式以本“标准”规定为准。主考官应严格监督被测试者测试过程中的各个环节，对违反规则的被测试者进行相应判罚并有权终止该项目的测试。

被测试者要求

被测试者必须身着运动服和运动鞋参加测试，必须进行充分的热身和准备活动后方可参加测试。

从四级开始要求被测试者应具有一定的比赛经历。申请四～六级的测试者须参加过县级以上政府相关部门主办的比赛，或者以“标准杯”冠名的相应级别比赛，或者经“标准”委员会认定的比赛。申请七～九级的测试者须参加过地市级及以上政府相关部门主办的比赛，或者以“标准杯”冠名的相应级别比赛，或者经“标准”委员会认定的比赛。

考官要求

主考官及助考必须身着专用测试服装参加测试。测试前考官必须认真检查测试场地、器材及设备，提醒被测试者做好充分的准备活动。

主考官资质：具有国家一级及以上排球裁判员等级者，或经“标准”委员会认定的考官。所有考官均应无不良执裁记录。

助考资质：通过本“标准”七级及以上的测试者。

测试点要求

测试点必须保持场地干净、整洁、卫生、明亮，无障碍区没有易造成伤害事故的坚硬物体或其他安全隐患，必须有安全出口和紧急疏散通道。整个测试过程须全程录像。

各等级测试科目

各等级测试科目

等级	科目一	科目二	科目三	科目四	科目五
一级	自垫球	下手发球			
二级	自垫球	自传球	下手发球		
三级	对墙垫球	对墙传球	正面上手发球		
四级	对墙定点垫球	对墙定点传球	对墙扣反弹球	正面上手发球	
五级	对墙定点垫球	对墙定点传球	对墙扣反弹球	正面上手发球	
六级	两侧跑动垫球	两侧跑动传球	4号位扣球	正面上手发球	
七级	接固定区域掷球	防扣、吊球	顺网定点传球	4号位扣球	正面上手飘球
八级	接固定区域发球	防扣、吊球	顺网移动传球	4号位扣球	跳飘球
九级	接发球	防扣、吊球	调整传球	4号位扣球	大力跳发球

一级测试

LEVEL 1 TEST

科目一：自垫球

测试场地

直径为3米的圆圈。

测试方法及要求

听考官口令后，被测试者在测试区内开始进行自垫，垫球需高于头顶0.5米以上，球落地或垫球时出测试区则终止测试，要求垫球技术动作规范、用力协调。连续自垫球10次及以上为合格，每人两次测试机会，记录最佳成绩。

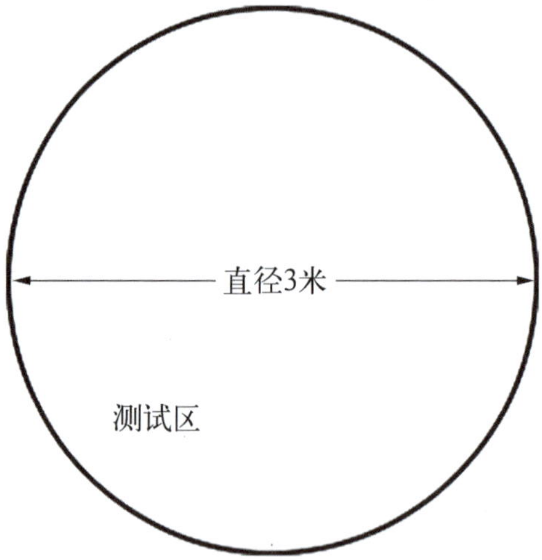

自垫球测试场地

要点图示及说明

自垫球

- 垫球需高于头顶0.5米以上

- 垫球过程中脚不可踏出测试区

科目二：下手发球

测试场地

18米 ×9米的排球场地，距中线6米处设标示线。

测试方法及要求

听考官口令后，被测试者在标示线后测试区内采用下手发球，连续发球6次，球发过网且落在对方场区内即为有效，3人为一个达标小组，一人发球，一人捡球，一人递球，循环进行，网高按照男女性别和不同年龄组的相关规定执行，要求发球技术动作规范、用力协调。有效发球4次及以上为合格，每人两次测试机会，记录最佳成绩。

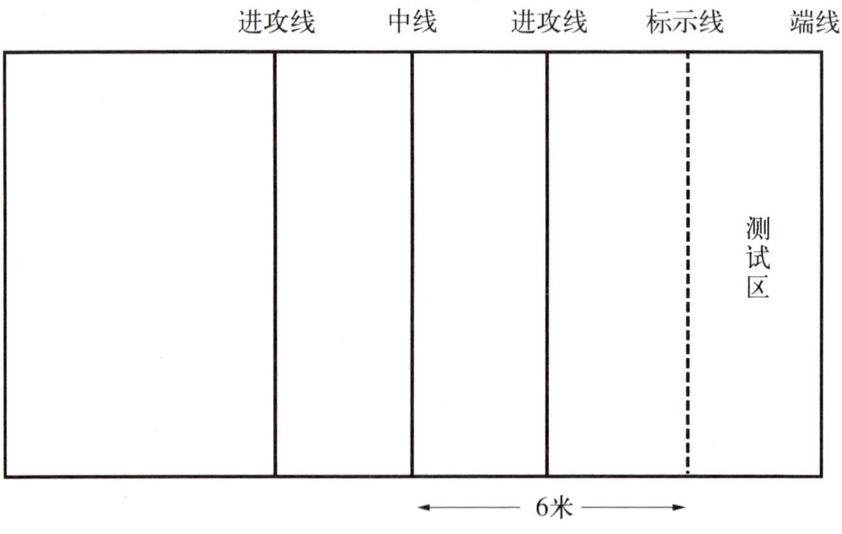

下手发球测试场地

要点图示及说明

下手发球

● 站在标示线后，采用下手发球

● 发球时脚不得踏及标示线

● 球需落入对方场区内

达 标 标 准

一级达标标准

测 试 科 目	单项科目合格要求
自垫球	≥10次
下手发球	≥4次

一级达标标准：所有测试科目均达到合格。

二级测试

LEVEL 2 TEST

科目一：自垫球

测试场地

直径为3米的圆圈。

测试方法及要求

听考官口令后，被测试者在测试区内开始进行自垫，垫球需高于头顶0.5米以上，球落地或垫球时出测试区则终止测试，要求垫球技术动作规范、用力协调。连续自垫球20次及以上为合格，每人两次测试机会，记录最佳成绩。

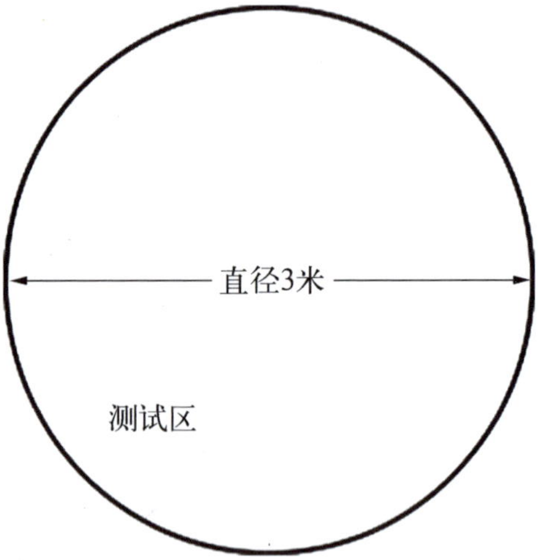

自垫球测试场地

要点图示及说明

自垫球

- 垫球需高于头顶0.5米以上
- 垫球过程中脚不可踏出测试区

科目二：自传球

测试场地

直径为3米的圆圈。

测试方法及要求

听考官口令后，被测试者在测试区内开始进行自传，传球需高于头顶0.5米以上，球落地或传球时出测试区则终止测试，要求传球技术动作规范、用力协调。连续自传球20次及以上为合格，每人两次测试机会，记录最佳成绩。

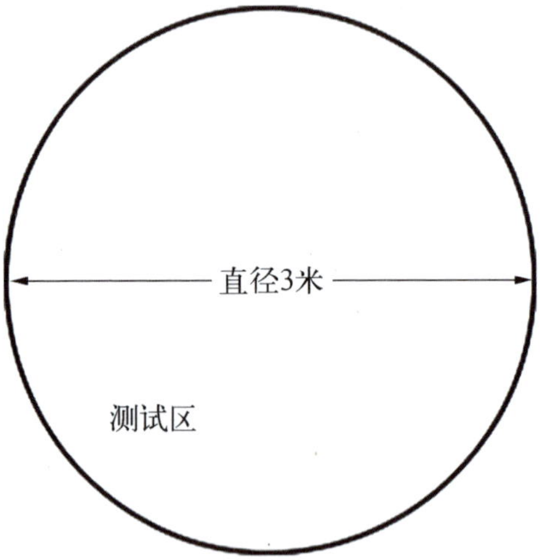

自传球测试场地

要点图示及说明

自传球

● 传球需高于头顶0.5米以上

● 传球过程中脚不可踏出测试区

科目三：下手发球

测试场地

18米 ×9米的排球场地。

测试方法及要求

听考官口令后，被测试者在端线后的发球区内采用下手发球，连续发球6次，球发过网且落在对方场区即为有效，3人为一个达标小组，一人发球，一人递球，一人捡球，循环进行、网高按照男女性别和不同年龄组的相关规定执行。要求发球技术动作规范、用力协调。有效发球4次及以上为合格，每人两次测试机会，记录最佳成绩。

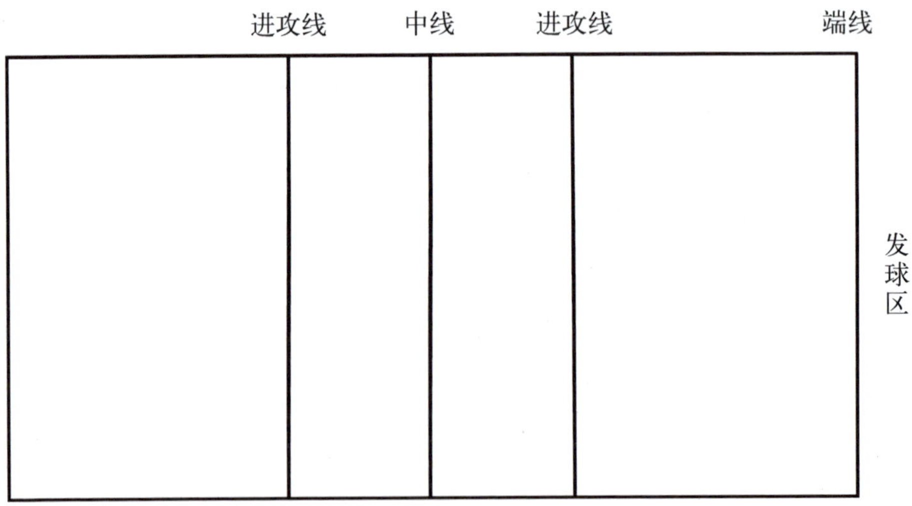

下手发球测试场地

要点图示及说明

下手发球

● 在端线后的发球区内，采用下手发球

● 发球时脚不得踏及端线

● 球需落入对方场区内

达 标 标 准

二级达标标准

测　试　科　目	单项科目合格要求
自垫球	≥20次
自传球	≥20次
下手发球	≥4次

二级达标标准：所有测试科目均达到合格。

三级测试

LEVEL 3 TEST

科目一：对墙垫球

测试场地

垂直于地面的平整墙面，地面设有距墙面1.5米的标示线，墙面设有距地面1.4米的标示线。

测试方法及要求

听考官口令后，被测试者站在地面标示线后的测试区内，对墙面进行连续垫球，球需落于墙面标示线以上区域，要求垫球技术动作规范、用力协调。连续对墙垫球30次及以上为合格，每人两次测试机会，记录最佳成绩。

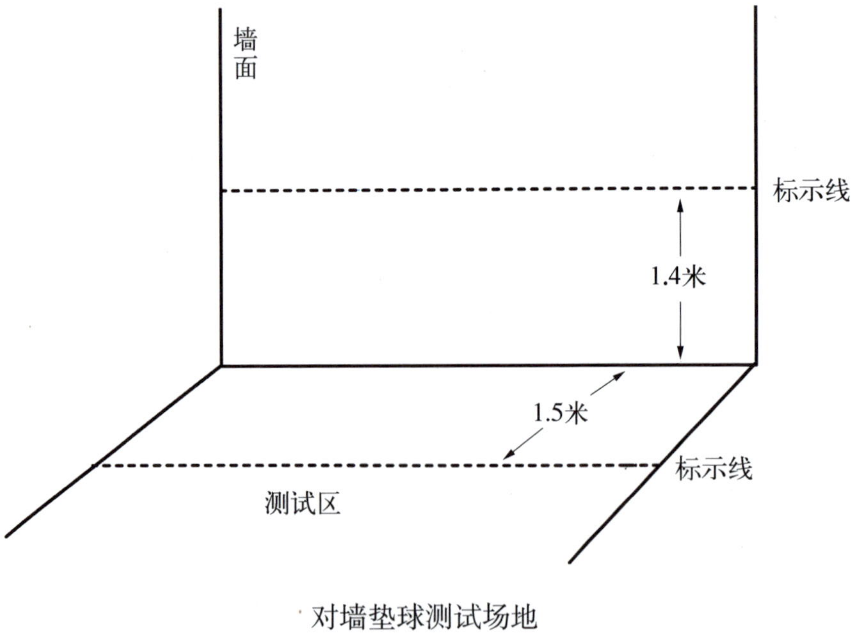

对墙垫球测试场地

要点图示及说明

对墙垫球

- 站在地面标示线后的测试区内，垫球时脚不得踏及标示线
- 球需落于墙面标示线以上区域

科目二：对墙传球

测试场地

垂直于地面的平整墙面，地面设有距墙面1.5米的标示线，墙面设有距地面1.4米的标示线。

测试方法及要求

听考官口令后，被测试者站在地面标示线后的测试区内，对墙面进行连续传球，球需落于墙面标示线以上区域。要求传球技术动作规范、用力协调。连续对墙传球20次及以上为合格，每人两次测试机会，记录最佳成绩。

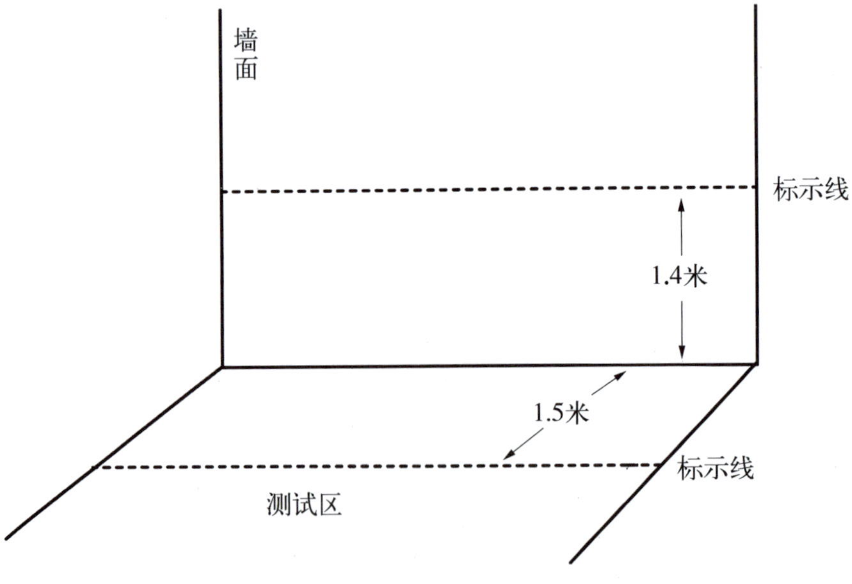

对墙传球测试场地

要点图示及说明

对墙传球

- 站在地面标示线后的测试区内，传球时脚不得踏及标示线
- 球需落于墙面标示线以上区域

科目三：正面上手发球

测试场地

18米 ×9米的排球场地，距中线6米处设标示线。

测试方法及要求

听考官口令后，被测试者在标示线后的测试区内采用正面上手发球，连续发球6次，球发过网且落在对方场区内即为有效，3人为一个达标小组，一人发球，一人递球，一人捡球，循环进行，网高按照男女性别和不同年龄组的相关规定执行，要求发球技术动作规范、用力协调。有效发球4次及以上为合格，每人两次测试机会，记录最佳成绩。

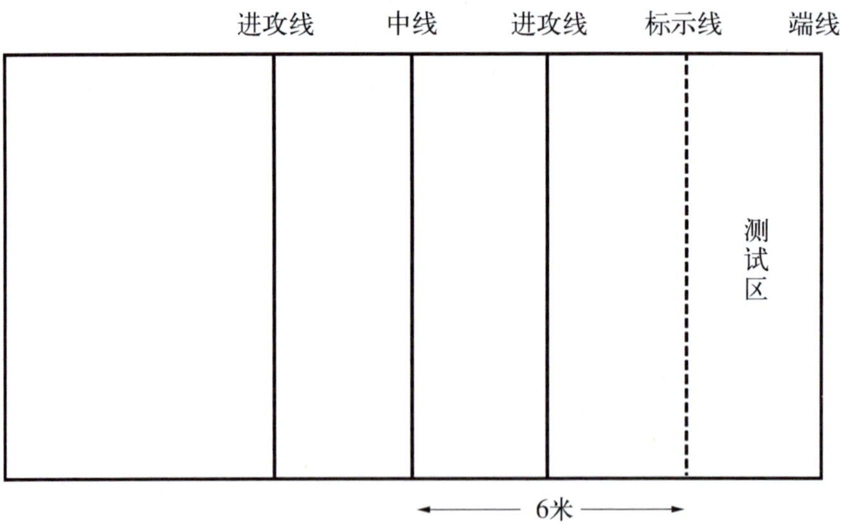

正面上手发球场地

要点图示及说明

正面上手发球

- 站在标示线后的测试区内，采用正面上手发球
- 发球时脚不得踏及标示线

- 球需落入对方场区内

达 标 标 准

三级达标标准

测 试 科 目	单项科目合格要求
对墙垫球	≥30次
对墙传球	≥20次
发 球	≥4次

三级达标标准：所有测试科目均达到合格。

四级测试

LEVEL 4 TEST

科目一：对墙定点垫球

测试场地

垂直于地面的平整墙面，地面设有距墙面1.5米的标示线，墙面设有距地面1.4米以上的0.8米×0.8米的方框。

测试方法及要求

听考官口令后，被测试者站在地面标示线后的测试区内，对墙面方框内区域进行连续1分钟垫球，要求垫球技术动作规范、用力协调。考官记录测试时间与被测试者击球次数，连续对墙定点垫球50次/分钟及以上为合格，每人两次测试机会，记录最佳成绩。

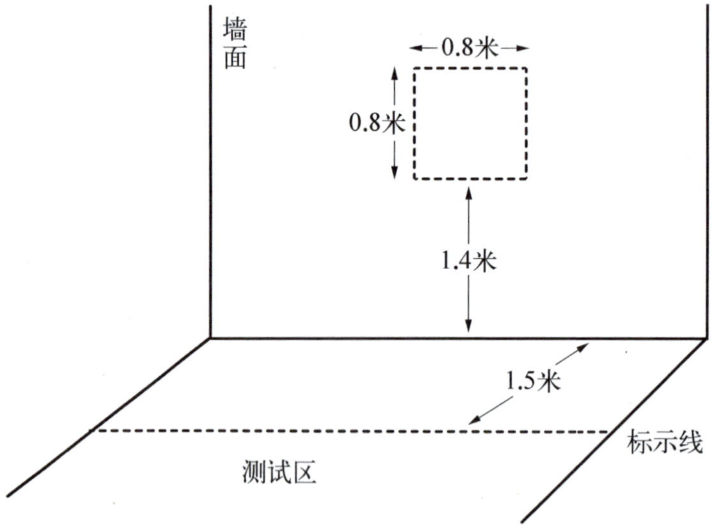

对墙定点垫球测试场地

要点图示及说明

对墙定点垫球

- 站在地面标示线后的测试区内，垫球时脚不得踏及标示线
- 球需落于墙面规定方框内区域

科目二：对墙定点传球

测试场地

垂直于地面的平整墙面，地面设有距墙面1.5米的标示线，墙面设有距地面1.4米以上的0.8米 ×0.8米的方框。

测试方法及要求

听考官口令后，被测试者站在地面标示线后的测试区内，对墙面方框内区域进行连续1分钟传球，要求传球技术动作规范、用力协调。考官记录测试时间与被测试者击球次数，连续对墙定点传球50次/分钟及以上为合格，每人两次测试机会，记录最佳成绩。

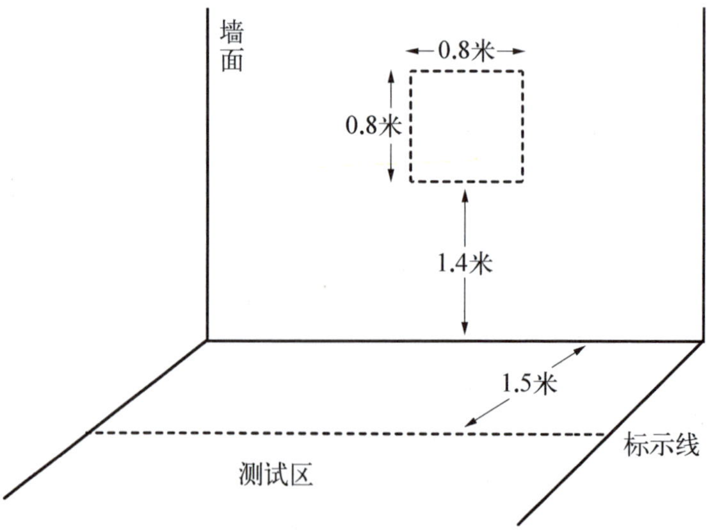

对墙定点传球测试场地

要点图示及说明

对墙定点传球

● 站在地面标示线后的测试区内，传球时脚不得踏及标示线

● 球需落于墙面规定方框内

科目三：对墙扣反弹球

测试场地

垂直于地面的平整墙面，地面设有距墙面2.5米（女生2米）的标示线。

测试方法及要求

听考官口令后，被测试者站在地面标示线后的测试区内开始原地或跳起连续对墙扣反弹球，要求挥臂击球和包击推压动作充分、用力协调。连续对墙扣反弹球6次及以上为合格，每人两次测试机会，记录最佳成绩。

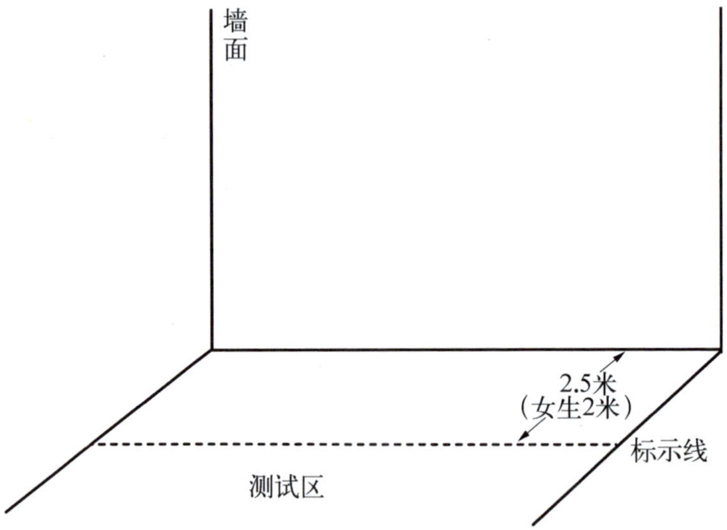

对墙扣反弹球测试场地

要点图示及说明

对墙扣反弹球

- 站在地面标示线后的测试区内，扣球时脚不得踏及标示线

- 要求挥臂击球和包击推压动作充分，连续击球

科目四：正面上手发球

测试场地

18米 ×9米的排球场地。

测试方法及要求

听考官口令后，测试者在端线后的发球区内采用正面上手发球，连续发球6次，球发过网且落在对方场区即为有效，3人为一个达标小组，一人发球，一人递球，一人捡球，循环进行，网高按照男女性别和不同年龄组的相关规定执行，要求发球技术动作规范、用力协调。有效发球4次及以上为合格，每人两次测试机会，记录最佳成绩。

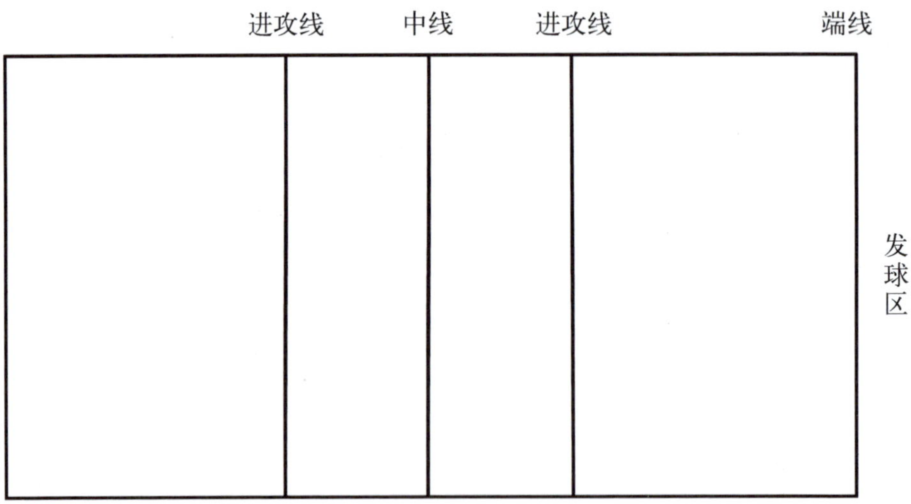

正面上手发球测试场地

要点图示及说明

正面上手发球

● 站在端线后的发球区内，采用正面上手发球

● 发球时脚不得踏及端线

● 球需落入对方场区内

达 标 标 准

四级达标标准

测 试 科 目	单项科目合格要求
对墙定点垫球	≥50次/分钟
对墙定点传球	≥50次/分钟
对墙扣反弹球	≥6次
正面上手发球	≥4次

四级达标标准：所有测试科目均达到合格。

五级测试

LEVEL 5 TEST

科目一：对墙定点垫球

测试场地

垂直于地面的平整墙面，地面设有距墙面2.5米的标示线，墙面设有距地面1.5米以上的0.8米×0.8米的方框。

测试方法及要求

听考官口令后，被测试者站在地面标示线后的测试区内，对墙面方框内区域进行连续1分钟垫球，要求垫球技术动作规范、用力协调。考官记录测试时间与被测试者击球次数，连续对墙定点垫球60次/分钟及以上为合格，每人两次测试机会，记录最佳成绩。

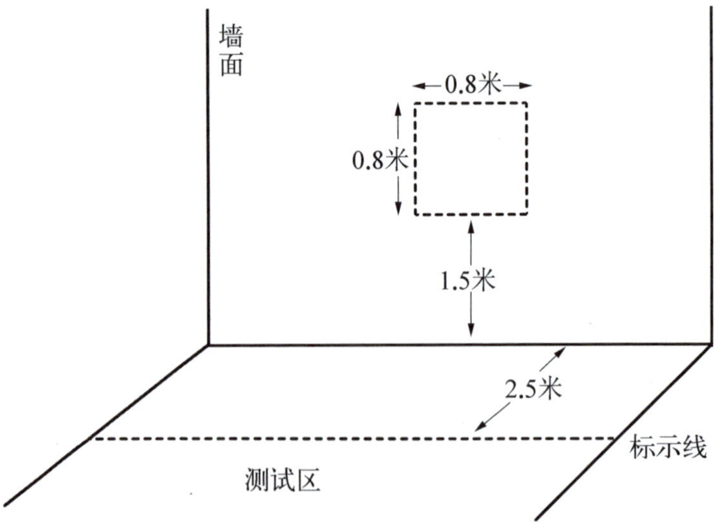

对墙定点垫球测试场地

要点图示及说明

对墙定点垫球

- 站在地面标示线后的测试区内，垫球时脚不得踏及标示线
- 球需落于墙面规定方框内区域

科目二：对墙定点传球

测试场地

垂直于地面的平整墙面，地面设有距墙面2.5米的标示线，墙面设有距地面1.5米以上的0.8米 × 0.8米的方框。

测试方法及要求

听考官口令后，被测试者站在地面标示线后的测试区内，对墙面方框内区域进行连续1分钟传球，要求传球技术动作规范、用力协调。考官记录测试时间与被测试者击球次数，连续对墙定点传球60次/分钟及以上为合格，每人两次测试机会，记录最佳成绩。

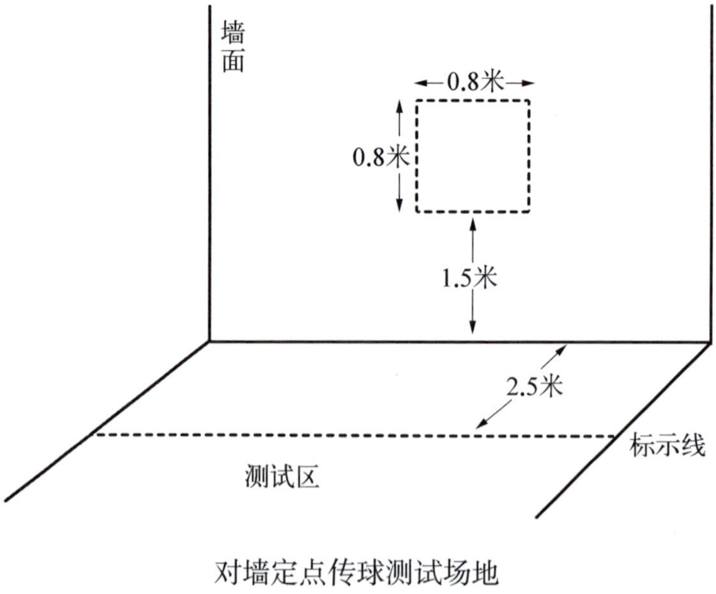

对墙定点传球测试场地

要点图示及说明

对墙定点传球

- 站在地面标示线后的测试区内，传球时脚不得踏及标示线
- 球需落于墙面规定方框内区域

科目三：对墙扣反弹球

测试场地

垂直于地面的平整墙面，地面设有距墙面3米（女生2.5米）的标示线。

测试方法及要求

听考官口令后，被测试者站在地面标示线后的测试区内，开始原地或跳起连续对墙扣反弹球，要求挥臂击球和包击推压动作充分、用力协调。连续对墙扣反弹球10次及以上为合格，每人两次测试机会，记录最佳成绩。

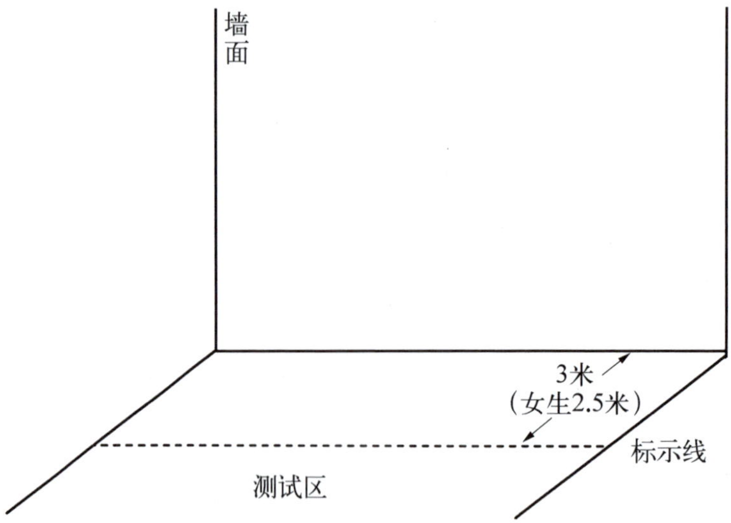

对墙扣反弹球测试场地

要点图示及说明

对墙扣反弹球

- 站在地面标示线后的测试区内，扣球时脚不得踏及标示线

- 要求挥臂击球和包击推压动作充分，连续击球

科目四：正面上手发球

测试场地

18米×9米的排球场地，以右侧发球为例，距右侧边线3米处设标示线；距右侧边线0～3米为直线区域，距右侧边线3～9米为斜线区域。

测试方法及要求

听考官口令后，被测试者在端线后的右侧发球区内采用正面上手发球，连续发球6次，需发向直线区域、斜线区域各3次，发球过网且落在对方场区的规定区域即为有效，3人为一个达标小组，一人发球，一人递球，一人捡球，循环进行，网高按照男女性别和不同年龄组的相关规定执行，要求发球技术动作规范、用力协调。有效发球4次及以上为合格，每人两次测试机会，记录最佳成绩。

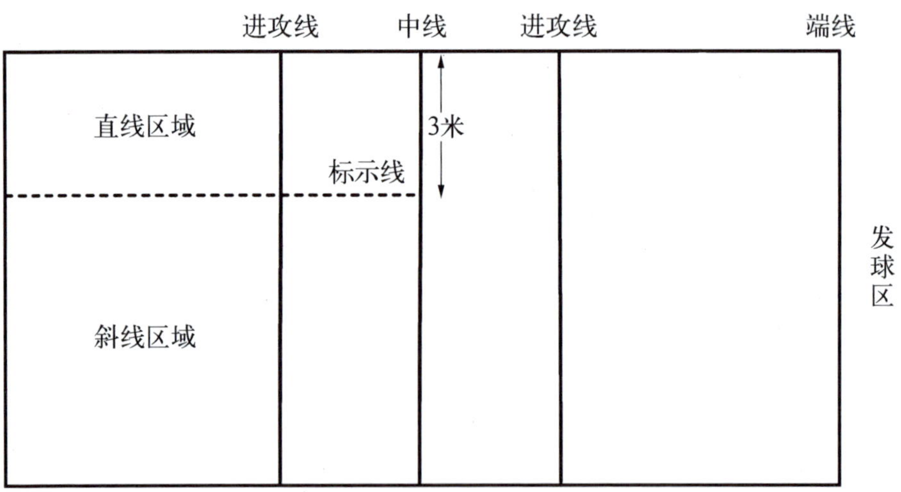

正面上手发球测试场地

要点图示及说明

正面上手发球

● 站在端线后的右侧发球区内，采用正面上手发球

● 发球时脚不得踏及端线

● 球需落入对方场区规定直线区域（3次）

● 球需落入对方场区规定斜线区域（3次）

达 标 标 准

五级达标标准

测 试 科 目	单项科目合格要求
对墙定点垫球	≥60次/分钟
对墙定点传球	≥60次/分钟
对墙扣反弹球	≥10次
正面上手发球	≥4次

五级达标标准：所有测试科目均达到合格。

六级测试

LEVEL 6 TEST

科目一：两侧跑动垫球

测试场地

排球场地内设边长为3米的正三角形区域。

测试方法及要求

听考官口令后，被测试者在正三角形一侧底角站立，助考在正三角形顶点（场上3号位区域）向两侧底角交替抛球6次，被测试者在正三角形两侧底角区域跑动垫球，垫球落入正三角形顶点区域视为到位，要求垫球技术动作规范、用力协调、垫球具有一定的高度和弧度。垫球到位4次及以上为合格，每人两次测试机会，记录最佳成绩。

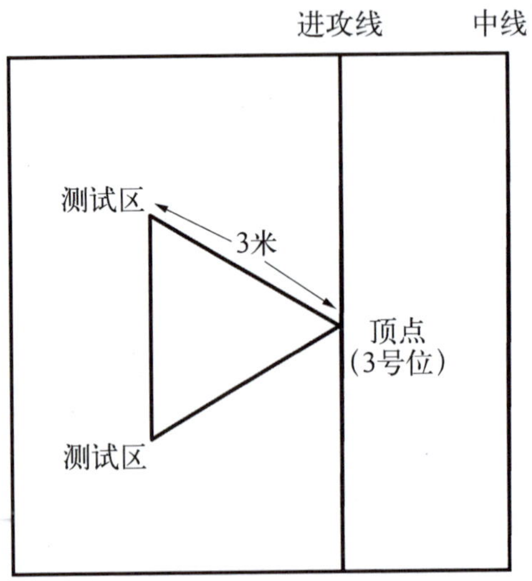

两侧跑动垫球测试场地

要点图示及说明

两侧跑动垫球

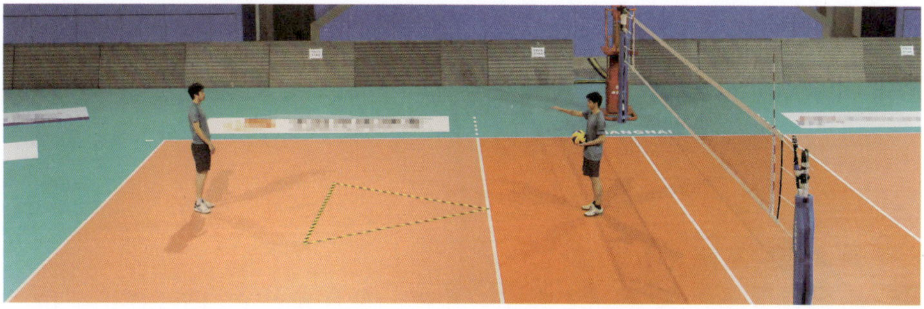

● 助考在正三角形顶角处抛球

● 在正三角形两侧底角处完成移动垫球

● 球需落入正三角形顶角区域

科目二：两侧跑动传球

测试场地

排球场地内设边长为3米的正三角形区域。

测试方法及要求

听考官口令后，被测试者在正三角形一侧底角站立，助考在正三角形顶点向两侧底角交替抛球6次，被测试者在正三角形两侧底角区域跑动传球，传球落入正三角形顶点区域视为到位，要求传球技术动作规范、移动迅速、用力协调。传球到位4次及以上为合格，每人两次测试机会，记录最佳成绩。

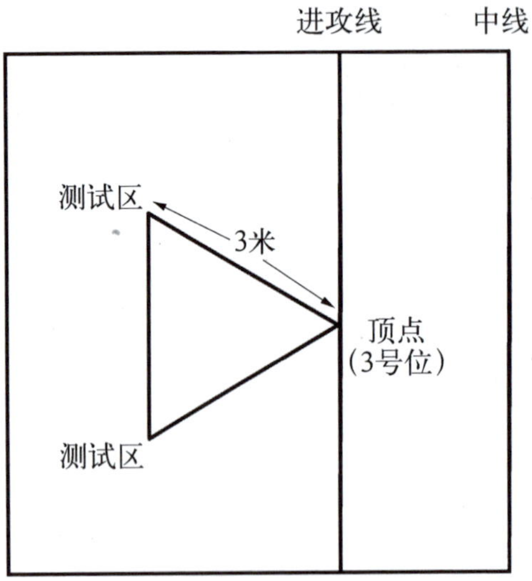

两侧跑动传球测试场地

要点图示及说明

两侧跑动传球

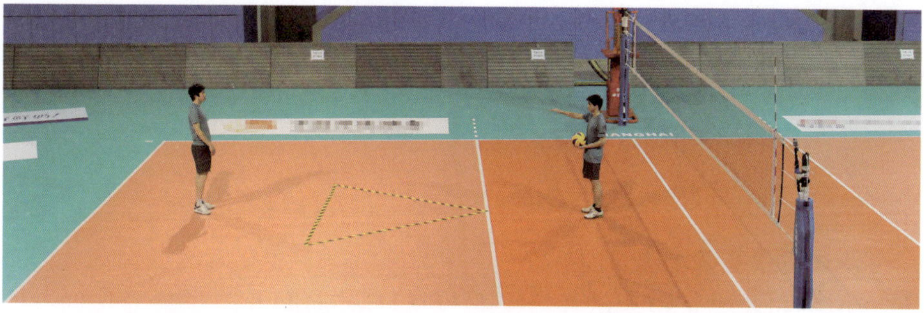

● 助考在正三角形顶角处抛球

● 在正三角形两侧底角处完成移动传球

● 球需落入正三角形顶角区域

科目三：4号位扣球

测试场地

18米 ×9米的排球场地。

测试方法及要求

听考官口令后，被测试者站在4号位将球传向助考，并扣3号位助考传出的一般高球，连续完成6次扣球，球扣入对方场区界内即为有效。网高按照男女性别和不同年龄组的相关规定执行，要求起跳时机正确，扣球技术动作规范、挥臂击球有力、用力协调，扣球过程中无触网、过中线、触及标志杆等犯规行为。有效扣球4次及以上为合格，每人两次测试机会，记录最佳成绩。

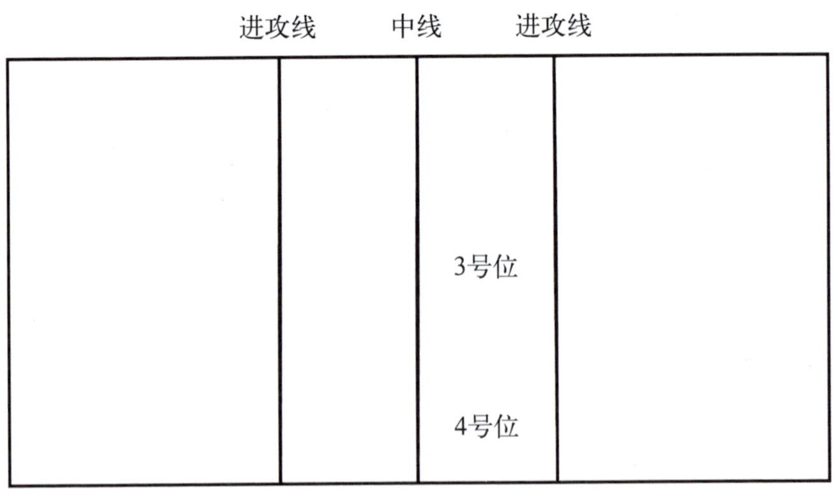

4号位扣球测试场地

要点图示及说明

4号位扣球

● 站在4号位将球传向助考

● 扣球时无触网、过中线、球触及标志杆等犯规行为

● 球需落入对方场区内

科目四：正面上手发球

测试场地

18米×9米的排球场地，距一侧边线3米及6米处设标示线；以右侧发球为例，距右侧边线0～3米为右侧区域，距右侧边线3～6米为中间区域，距右侧边线6～9米为左侧区域。

测试方法及要求

听考官口令后，被测试者在端线后的发球区内采用正面上手发球，连续发球6次，需发向右侧区域、中间区域和左侧区域各2次，发球过网且落在对方场区的规定区域即为有效，3人为一个达标小组，一人发球，一人递球，一人捡球，循环进行，网高按照男女性别和不同年龄组的相关规定执行，要求发球技术动作规范、用力协调。有效发球4次及以上为合格，每人两次测试机会，记录最佳成绩。

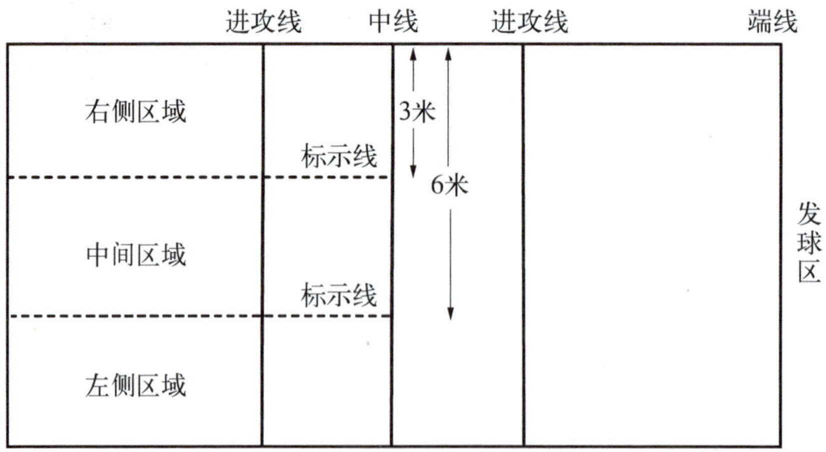

发球测试场地

要点图示及说明

正面上手发球

- 站在端线后的发球区内，采用正面上手发球
- 发球时脚不得踏及端线

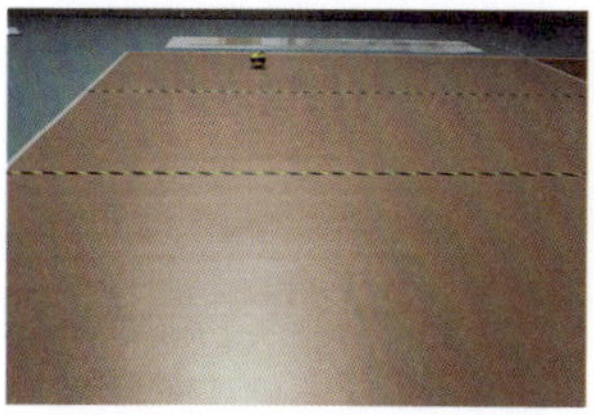

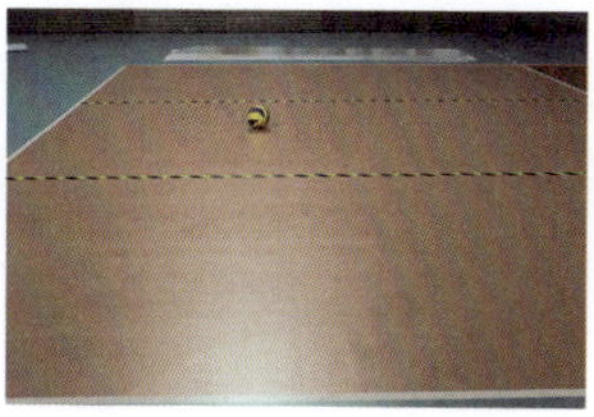

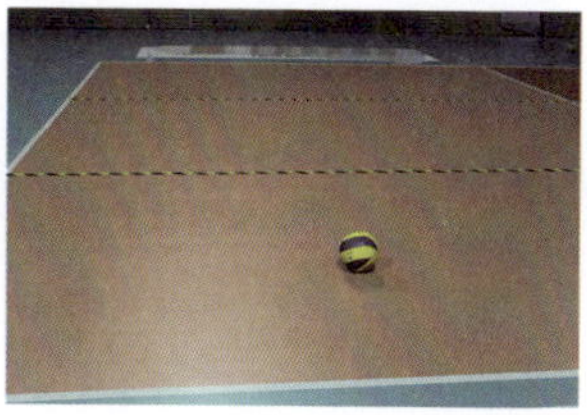

- 球需落入对方场区内规定右侧区域（2次）
- 球需落入对方场区内规定中间区域（2次）
- 球需落入对方场区内规定左侧区域（2次）

达 标 标 准

六级达标标准

测 试 科 目	单项科目合格要求
两侧跑动垫球	≥4次
两侧跑动传球	≥4次
4号位扣球	≥4次
正面上手发球	≥4次

六级达标标准：所有测试科目均达到合格。

七级测试

LEVEL 7 TEST

科目一：接固定区域掷球

测试场地

18米 ×9米的排球场地。

测试方法及要求

听考官口令后，助考站在场地内，向对方半场6号位的被测试者掷球6次，被测试者采用垫球技术完成接掷球，将球垫到本方2号位、3号位之间，高于球网且距网0.6～1.5米为到位，网高按照男女性别和不同年龄组的相关规定执行，要求垫球技术动作规范、用力协调。接掷球到位4次及以上为合格，每人两次测试机会，记录最佳成绩。

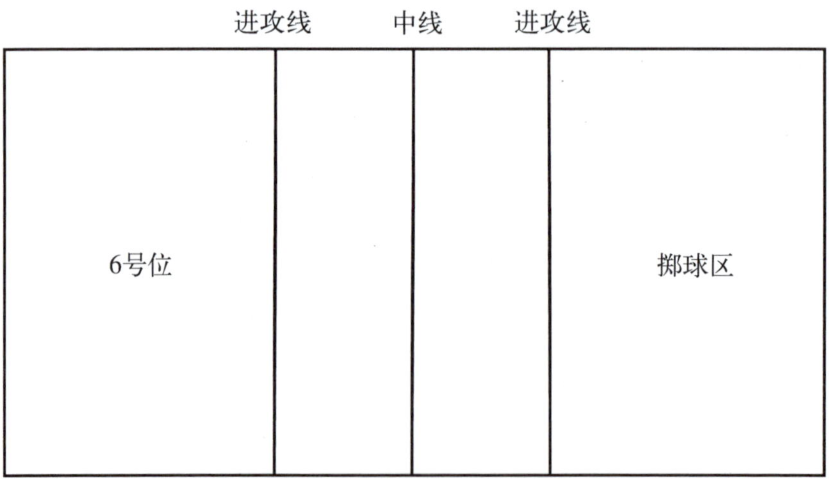

接固定区域掷球测试场地

要点图示及说明

接固定区域掷球

- 助考在场地内向对方半场6号位区域掷球

- 在6号位接掷球，将球垫到本方2号位、3号位之间，高于球网且距网0.6～1.5米

科目二：防扣、吊球

测试场地

18米 ×9米的排球场地。

测试方法及要求

听考官口令后，助考在网前2号位原地向1号位和5号位扣、吊球，被测试者分别在1号位和5号位各连续完成3次防守，防起球进入进攻线内靠近2号位、3号位一侧，且高于球网为有效，要求防守动作规范、取位合理、用力协调。防起到位4次及以上为合格，每人两次测试机会，记录最佳成绩。

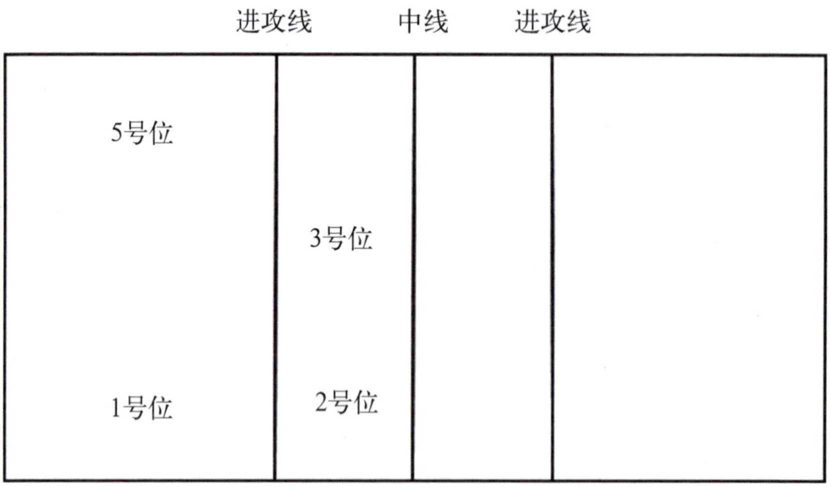

防扣、吊球测试场地

要点图示及说明

防扣、吊球

● 助考在网前2号位原地扣、吊球

● 在1号位和5号位各连续完成3次防守

● 防起球进入进攻线内靠近2号位、3号位一侧，且高于球网

科目三：顺网定点传球

测试场地

18米 ×9米的排球场地，场地内4号位设长、宽各1米，高2.5～3米的木框。

测试方法及要求

听考官口令后，被测试者在2号位、3号位之间自抛后，向4号位固定的木框中连续传球6次，传球落入木框内或砸中木框上沿木条为有效，要求传球技术动作规范、用力协调，且传球需具有一定的高度和弧度，传球过程中无持球、连击等犯规行为。连续传中4次及以上为合格，每人两次测试机会，记录最佳成绩。

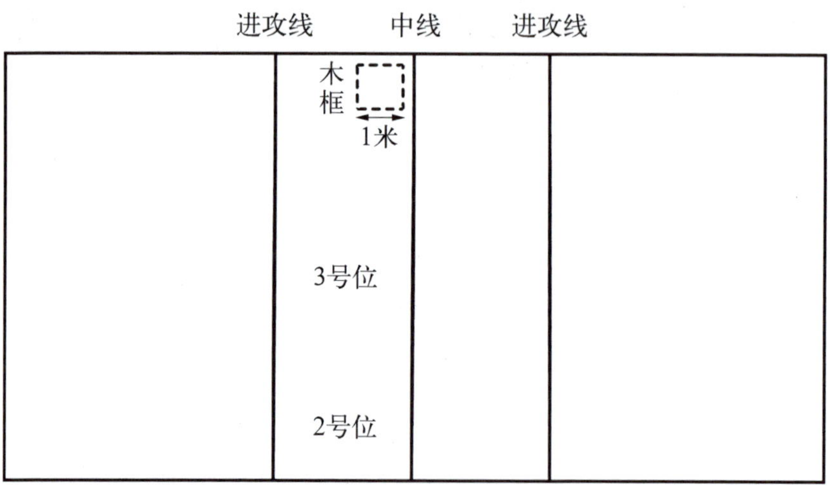

顺网定点传球测试场地

要点图示及说明

顺网定点传球

- 站在2号位、3号位之间传自抛球

- 传球需落入木框内或砸中木框上沿木条；传球需具有一定的高度和弧度，不得有持球、连击等犯规行为

科目四：4号位扣球

测试场地

18米×9米的排球场地，在半场区斜对角及距左侧边线3米处设斜线和直线标示线；斜线区域为半场区斜线标示线右侧场区，直线区域为半场区直线标示线左侧场区。

测试方法及要求

听考官口令后，被测试者在4号位将球传向助考，并扣助考传出的一般高球，连续完成6次扣球，需扣向直线区域、斜线区域各3次，球扣过网且落在相应直线、斜线区域即为有效，网高按照男女性别和不同年龄组的相关规定执行。要求被测试者起跳时机正确，扣球技术动作规范、挥臂击球有力、用力协调，扣球过程中无触网、过中线、触及标志杆等犯规行为。有效扣球4次及以上为合格，每人两次测试机会，记录最佳成绩。

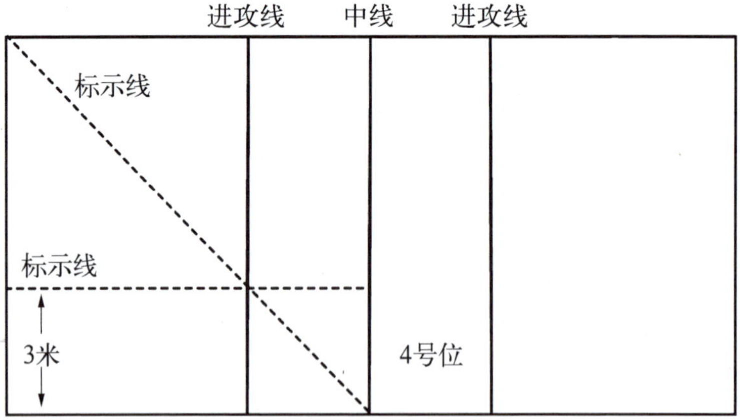

4号位扣球测试场地

要点图示及说明

4号位扣球

● 站在4号位将球传给助考

● 扣球过程中无触网、过中线、球触及标志杆等犯规行为

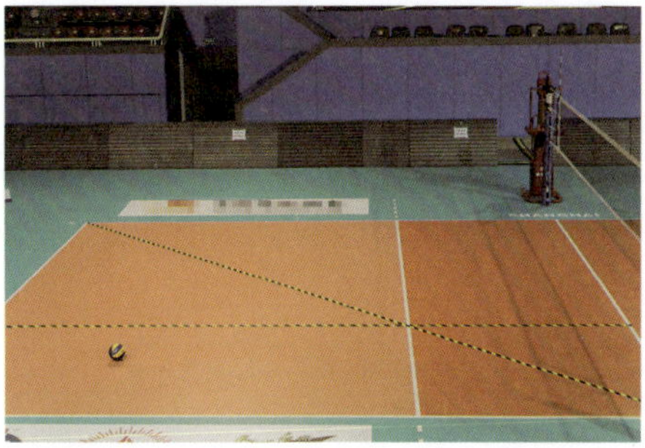

● 球需落入对方场区规定直线区域（3次）

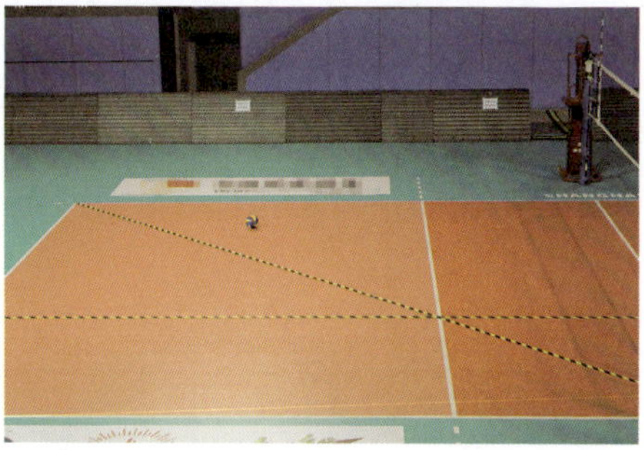

● 球需落入对方场区规定斜线区域（3次）

科目五：正面上手飘球

测试场地

18米×9米的排球场地，距一侧边线3米及6米处设标示线；以右侧发球为例，距右侧边线0～3米为右侧区域，距右侧边线3～6米为中间区域，距右侧边线6～9米为左侧区域。

测试方法及要求

听考官口令后，被测试者在端线后的发球区内采用正面上手飘球，连续发球6次，需发向右侧区域、中间区域和左侧区域各2次，发球过网且落在对方场区的规定区域即为有效，3人为一个达标小组，一人发球，一人递球，一人捡球，循环进行，网高按照男女性别和不同年龄组的相关规定执行，要求发球技术动作规范、用力协调。有效发球4次及以上为合格，每人两次测试机会，记录最佳成绩。

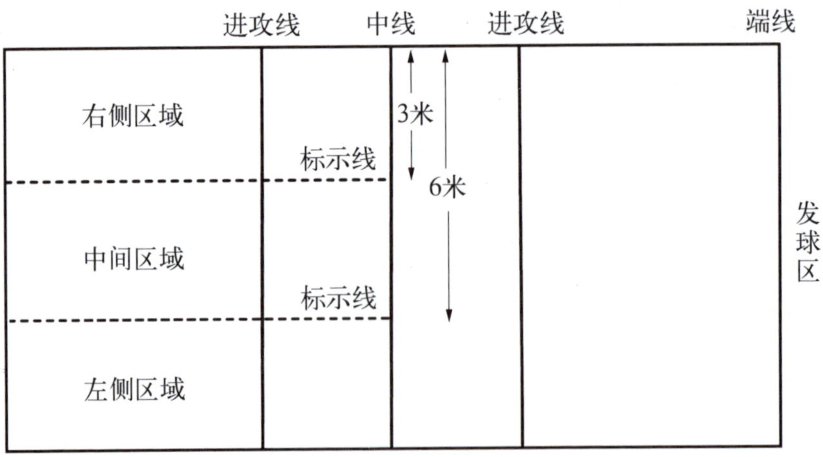

正面上手飘球测试场地

要点图示及说明

正面上手飘球

- 站在端线后的发球区内，采用正面上手飘球
- 击球前脚不得踏及端线

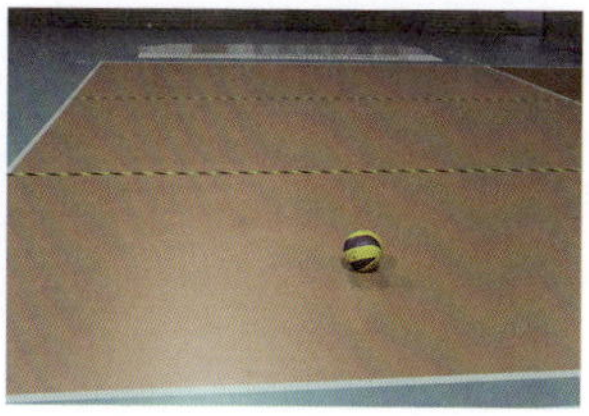

- 球需落入对方场区内规定右侧区域（2次）
- 球需落入对方场区内规定中间区域（2次）
- 球需落入对方场区内规定左侧区域（2次）

达 标 标 准

七级达标标准

测 试 科 目	单项科目合格要求
接固定区域掷球	≥4次
防扣、吊球	≥4次
顺网传球	≥4次
4号位扣球	≥4次
正面上手飘球	≥4次

七级达标标准：所有测试科目均达到合格。

八级测试

LEVEL 8 TEST

科目一：接固定区域发球

测试场地

18米 ×9米的排球场地。

测试方法及要求

听考官口令后，助考站在场地内，向对方半场6号位的被测试者发球6次，被测试者采用垫球技术完成接发球，将球垫到本方2号位、3号位之间，高于球网且距网0.6～1.5米为到位，网高按照男女性别和不同年龄组的相关规定执行，要求垫球技术动作规范、用力协调，接发球到位4次及以上为合格，每人两次测试机会，记录最佳成绩。

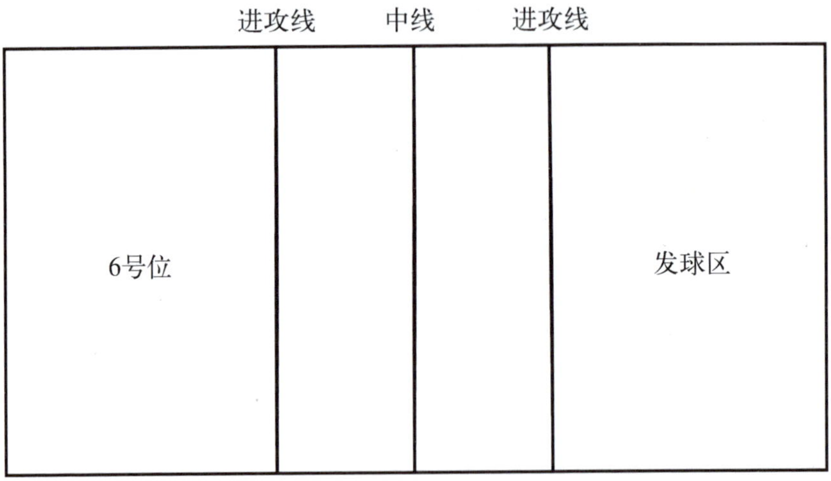

接固定区域发球测试场地

要点图示及说明

接固定区域发球

- 助考站在场地内，向对方半场6号位发球
- 在6号位接发球，将球垫到本方2号位、3号位之间，高于球网且距网0.6～1.5米

科目二：防扣、吊球

测试场地

18米×9米的排球场地。

测试方法及要求

听考官口令后，助考在网前3号位原地向1号位和5号位扣、吊球，被测试者在6号位准备，当助考扣、吊球离手后，被测试者移动至1号位、5号位区域防守，防完后再回到6号位区域开始下一次防守，分别在1号位和5号位各连续完成3次防守，防起球进入进攻线内靠近2号位、3号位一侧，且高于球网为有效，要求防守动作规范、取位合理、用力协调、移动迅速。防起到位4次及以上为合格，每人两次测试机会，记录最佳成绩。

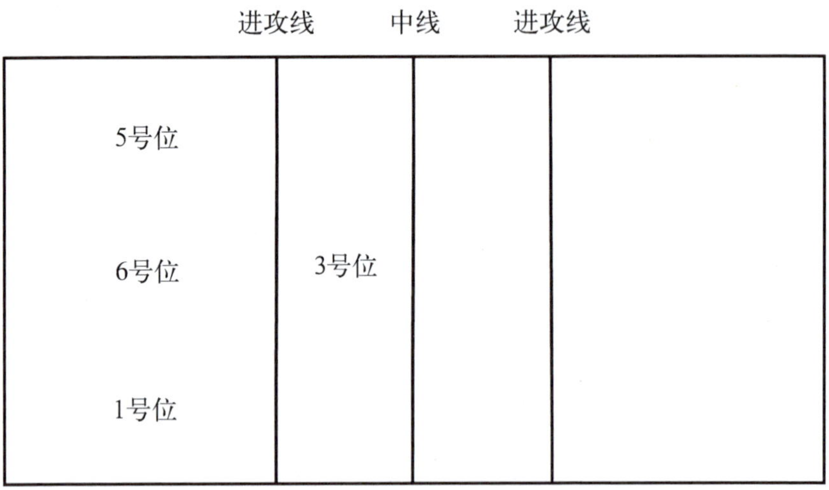

防扣、吊球测试场地

要点图示及说明

防扣、吊球

- 助考在网前3号位原地扣、吊球，被测试者在6号位准备

- 从6号位移动至1号位完成1次防守

- 每次防完后回6号位准备下一次防守，分别在1号位和5号位各完成3次防守

- 防起球进入进攻线内靠近2号位、3号位一侧，且高于球网

科目三：顺网移动传球

测试场地

18米×9米的排球场地，场地内4号位设长、宽各1米，高3～3.5米的木框。

测试方法及要求

听考官口令后，被测试者站在2号位、3号位之间，接本方6号位助考向2号位、3号位之间的抛球，向4号位固定的木框中连续传球6次，传球落入木框内或砸中木框上沿木条为有效，要求传球技术动作规范、用力协调，且传球需具有一定的高度和弧度，传球过程中无持球、连击等犯规行为。传中4次及以上为合格，每人两次测试机会，记录最佳成绩。

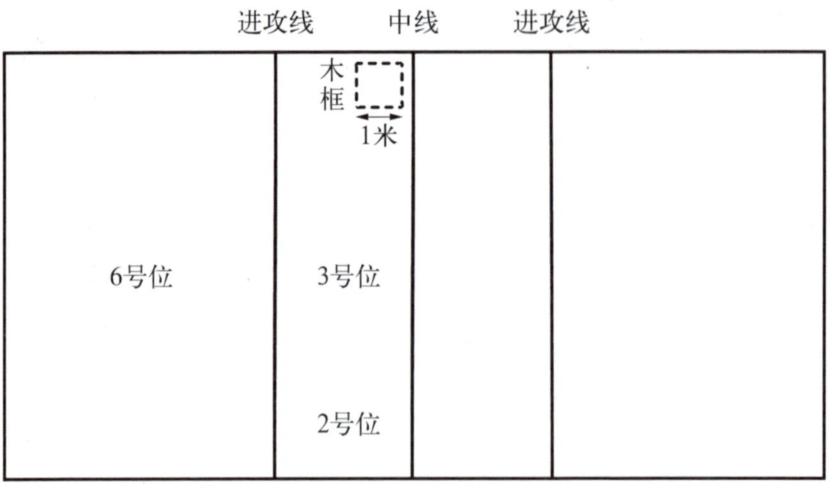

顺网移动传球测试场地

要点图示及说明

顺网移动传球

- 站在2号位、3号位之间传助考抛来的球

- 传球需落入木框内或砸中木框上沿木条；传球需具有一定的高度和弧度，不得有持球、连击等犯规行为

科目四：4号位扣球

测试场地

18米×9米的排球场地，在半场区右侧边线距中线6米处、距左侧边线2米处设斜线和直线标示线；斜线区域为半场区斜线标示线右侧场区，直线区域为半场区直线标示线左侧场区。

测试方法及要求

听考官口令后，被测试者站在4号位将球传向助考，并扣助考传出的一般高球，连续完成6次扣球，需扣向直线区域、斜线区域各3次。球扣过网且落在相应直线、斜线区域即为有效，网高按照男女性别和不同年龄组的相关规定执行，要求测试者起跳时机正确，扣球技术动作规范、挥臂击球有力、用力协调，扣球过程中无触网、过中线、触及标志杆等犯规行为。有效扣球4次及以上为合格，每人两次测试机会，记录最佳成绩。

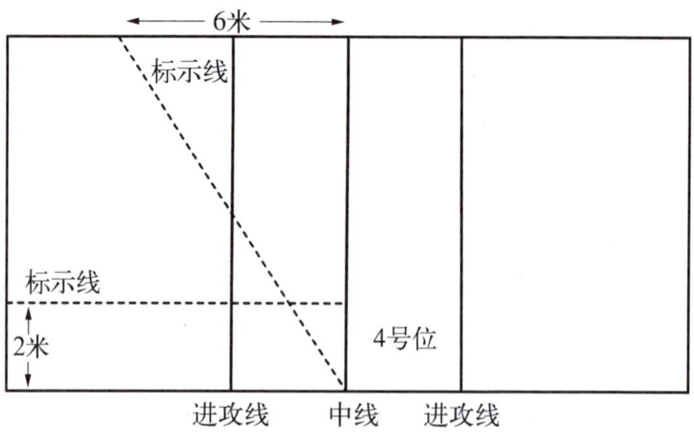

4号位扣球测试场地

要点图示及说明

4号位扣球

- 站在4号位将球传给助考

- 扣球时无触网、过中线、球触及标志杆等犯规行为

- 球需落入对方场区规定直线区域（3次）

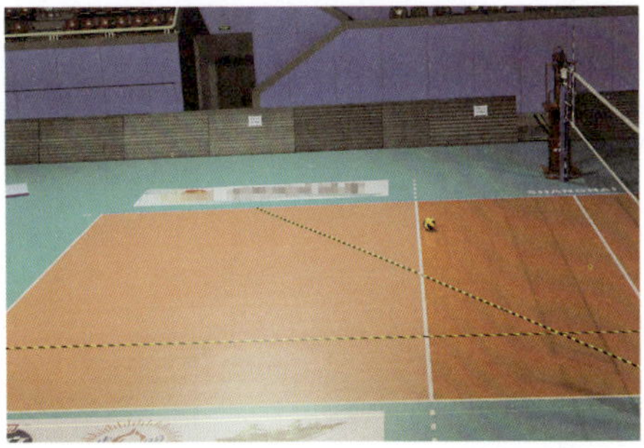

- 球需落入对方场区规定斜线区域（3次）

科目五：跳飘球

测试场地

18米×9米的排球场地，距一侧边线3米及6米处设标示线；以右侧发球为例，距右侧边线0～3米为右侧区域，距右侧边线3～6米为中间区域，距右侧边线6～9米为左侧区域。

测试方法及要求

听考官口令后，被测试者在端线后的发球区内固定区域采用跳飘球，连续发球6次，需发向右侧区域、中间区域和左侧区域各2次，发球过网且落在对方场区的规定区域即为有效，3人为一个达标小组，一人发球，一人递球，一人捡球，循环进行，网高按照男女性别和不同年龄组的相关规定执行，要求发球技术动作规范、用力协调。有效发球4次及以上为合格，每人两次测试机会，记录最佳成绩。

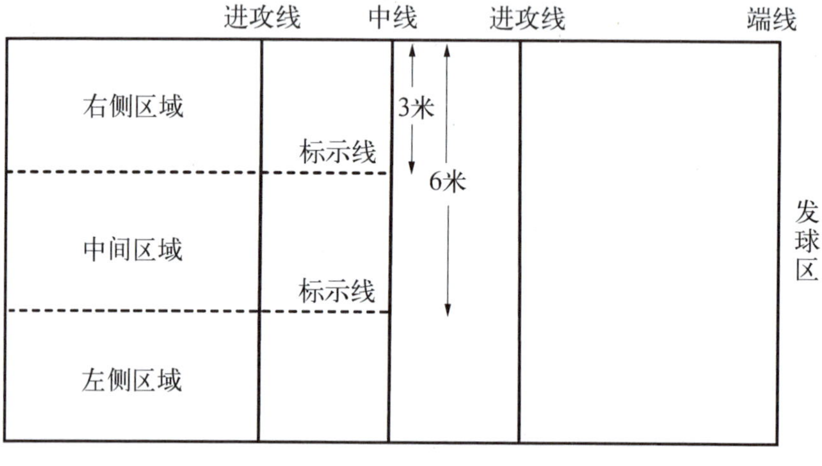

跳飘球测试场地

要点图示及说明

跳飘球

- 站在端线后的发球区内，采用跳飘球
- 击球前脚不得踏及端线

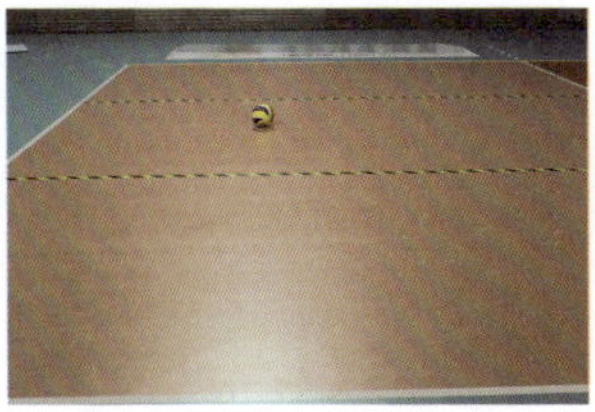

- 球需落入对方场区内规定右侧区域（2次）
- 球需落入对方场区内规定中间区域（2次）
- 球需落入对方场区内规定左侧区域（2次）

达 标 标 准

八级达标标准

测 试 科 目	单项科目合格要求
接固定区域发球	≥4次
防扣、吊球	≥4次
顺网移动传球	≥4次
4号位扣球	≥4次
跳飘球	≥4次

八级达标标准：所有测试科目均达到合格。

九级测试

LEVEL 9 TEST

科目一：接发球

测试场地

18米 ×9米的排球场地。

测试方法及要求

听考官口令后，助考站在端线后发球区内，向对方半场6号位的被测试者发球6次，被测试者采用垫球技术完成接发球，将球垫到本方2号位、3号位之间，高于球网且距网0.6～1.5米为到位，网高按照男女性别和不同年龄组的相关规定执行，要求垫球技术动作规范、用力协调。接发球到位4次及以上者为合格，每人两次测试机会，记录最佳成绩。

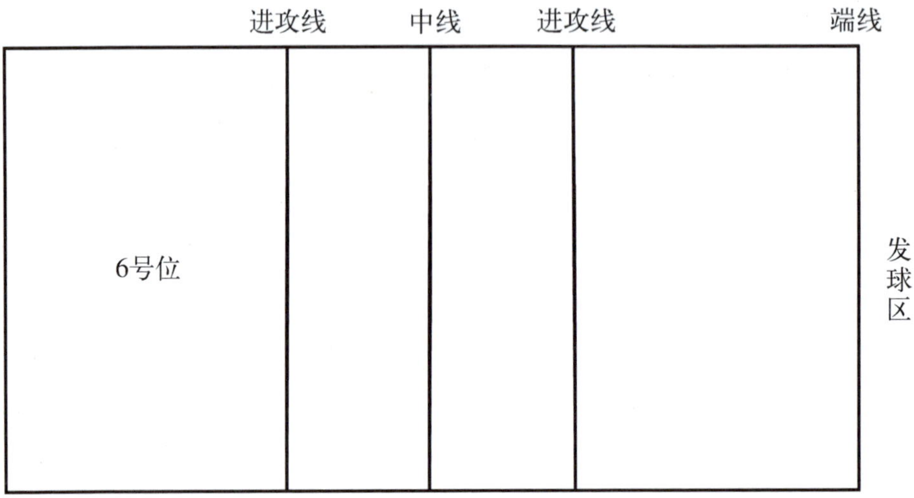

接发球测试场地

要点图示及说明

接发球

- 助考从端线后的发球区内，向对方半场6号位区域发球

- 在6号位接发球，将球垫到2号位、3号位之间，高于球网且距网0.6～1.5米

科目二：防扣、吊球

测试场地

18米×9米的排球场地，一侧场地4号位设0.8～1.2米的高台。

测试方法及要求

听考官口令后，助考在4号位高台向对方场地1号位和5号位扣、吊球，被测试者分别在1号位和5号位各连续完成3次防守，防起球进入进攻线内靠近2号位、3号位一侧，且高于球网为有效，要求防守动作规范、取位合理、用力协调、移动迅速。防起到位4次及以上为合格，每人两次测试机会，记录最佳成绩。

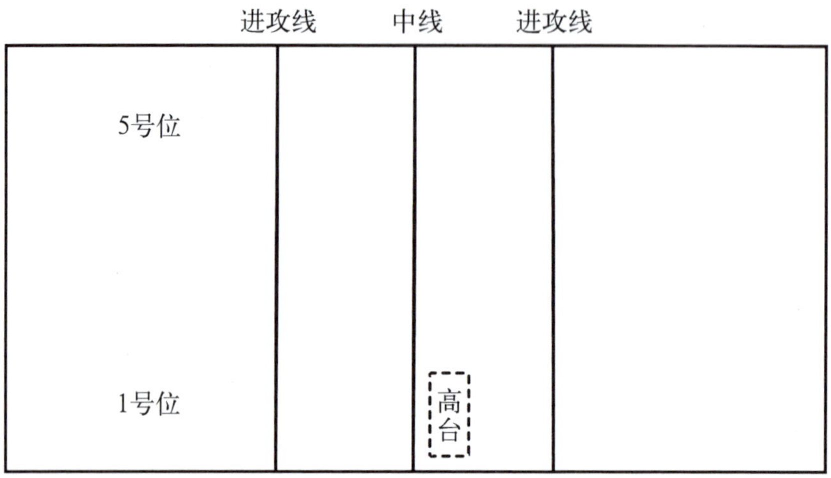

防扣、吊球测试场地

要点图示及说明

防扣、吊球

● 助考在4号位高台扣、吊球

● 在1号位和5号位各连续完成3次防守

● 防起球进入进攻线内靠近2号位、3号位一侧，且高于球网

科目三：调整传球

测试场地

18米×9米的排球场地，场地内4号位设长、宽各1米，高2.5～3米的木框。

测试方法及要求

听考官口令后，被测试者站在靠近1号位区域，接本方5号位助考的抛球，向4号位固定的木框中连续传球6次，传球落入木框内或砸中木框上沿木条为有效，要求传球技术动作规范、用力协调，且传球需具有一定的高度和弧度，传球过程中无持球、连击等犯规行为。传中4次及以上为合格，每人两次测试机会，记录最佳成绩。

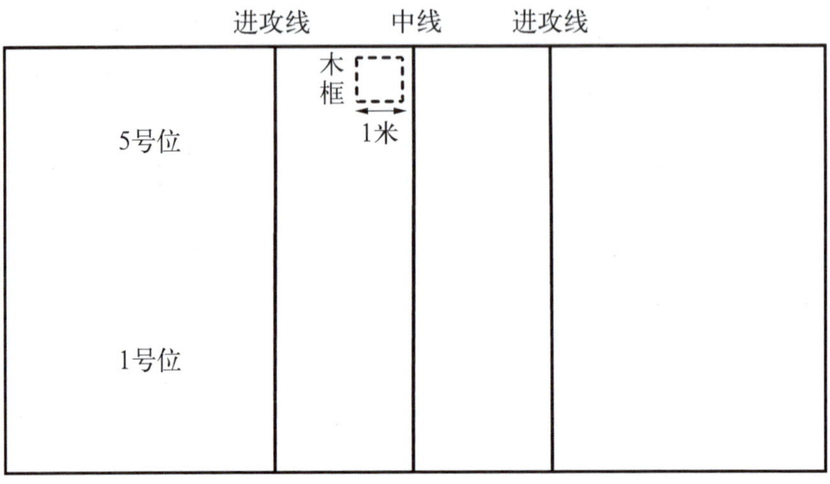

调整传球测试场地

要点图示及说明

调整传球

● 站在靠近1号位区域，传助考从5号位抛来的球

● 传球需落入木框内或砸中木框上沿木条；传球需具有一定的高度和弧度，不得有持球、连击等犯规行为

科目四：4号位扣球

测试场地

18米×9米的排球场地，在半场区右侧边线距中线4.5米、距左侧边线1.5米处设斜线和直线标示线；斜线区域为半场区斜线标示线右侧场区，直线区域为半场区直线标示线左侧场区。

测试方法及要求

听考官口令后，被测试者站在4号位将球传向助考，并扣助考传出的一般高球，连续完成6次扣球，需扣向直线区域、斜线区域各3次。球扣过网且落在相应直线、斜线区域即为有效，网高按照男女性别和不同年龄组的相关规定执行。要求测试者起跳时机正确，扣球技术动作规范、挥臂击球有力、用力协调，扣球过程中无触网、过中线、触及标志杆等犯规行为。有效扣球4次及以上为合格，每人两次测试机会，记录最佳成绩。

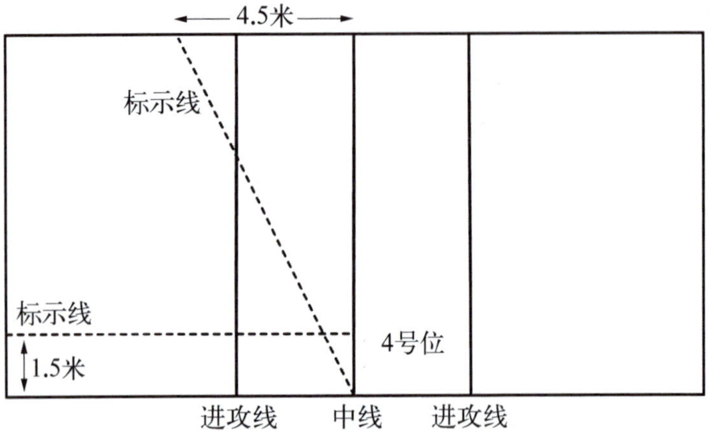

4号位扣球测试场地

要点图示及说明

4号位扣球

• 站在4号位将球传给助考

• 扣球时无触网、过中线、球触及标志杆等犯规行为

• 球需落入对方场区规定直线区域（3次）

• 球需落入对方场区规定斜线区域（3次）

科目五：大力跳发球

测试场地

18米×9米的排球场地距一侧边线3米及6米处设标示线；以右侧发球为例，距右侧边线0～3米为右侧区域，距右侧边线3～6米为中间区域，距右侧边线6～9米为左侧区域。

测试方法及要求

听考官口令后，被测试者在端线后的发球区内采用大力跳发球，连续发球6次，需发向右侧区域、中间区域和左侧区域各2次，发球过网且落在对方场区的指定区域即为有效，3人为一个达标小组，一人发球，一人递球，一人捡球，循环进行，网高按照男女性别和不同年龄组的相关规定执行，要求发球技术动作规范、用力协调。有效发球4次及以上为合格，每人两次测试机会，记录最佳成绩。

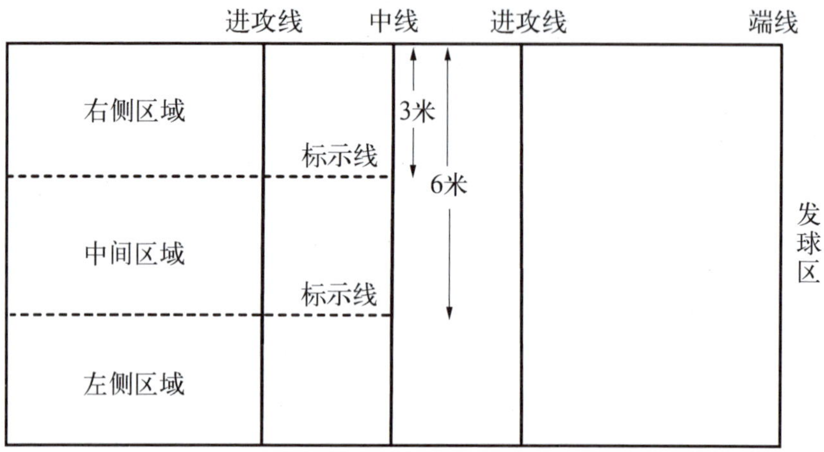

大力跳发球测试场地

要点图示及说明

大力跳发球

- 站在端线后的发球区内，采用大力跳发球
- 击球前脚不得踏及端线

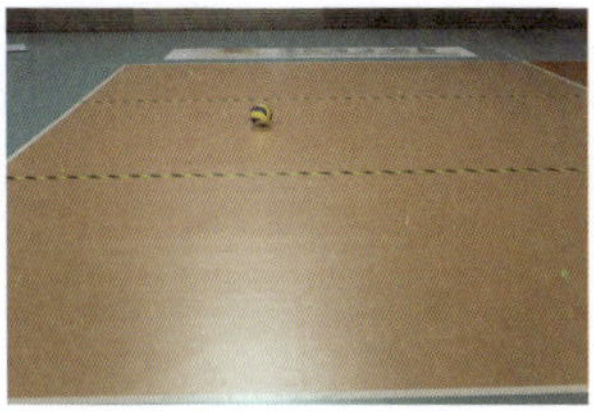

- 球需落入对方场区内规定右侧区域（2次）
- 球需落入对方场区内规定中间区域（2次）
- 球需落入对方场区内规定左侧区域（2次）

达 标 标 准

九级达标标准

测 试 科 目	单项科目合格要求
接发球	≥4次
防扣、吊球	≥4次
调整传球	≥4次
4号位扣球	≥4次
大力跳发球	≥4次

九级达标标准：所有测试科目均达到合格。